아미의 일기

— 할아버지 댁 생활 —

일러두기

『아미의 일기』는 김은구 작가가 손글씨로 적어 A4용지를 제본한 작은 책자에서 출발했습니다. 김은구 작가의 글을 최대한 원문 그대로 옮겼습니다. 읽기에 도움이 되도록 외래어 표기, 숫자 표기, 문장부호, 중복되는 표현 정도만 정리하였습니다.

아미의 일기

―― 할아버지 댁 생활 ――

글 김은구
기획 김태성
일러스트 김나영
일러스트 감수 차호윤(Hanna Cha)

10월 4일, 수요일, 추석

나는 예쁜 멍멍이 김'아미'입니다.
2017년 10월 4일(수요일), 추석 오후에 가족들과 함께 할아버지 댁에 갔습니다.
우리 가족은 재영, 우영 자매와 엄마 아빠 그리고 아미 다섯 식구입니다.

추석 명절, 조상님에 대한 차례와 성묘는 다 하셨다고 했습니다.
그날 할아버지 댁에 간 건 다른 이유가 있습니다.
내일부터 우리 가족이 일본 홋카이도 여행을 하는데 나는 그동안 할아버지 할머니와
같이 지내야 한다는 것입니다.
좀 섭섭했지만 할머니 할아버지와 생활해 보는 것도 좋을 것 같았습니다.
할머니 할아버지께서 반갑게 맞아주셨습니다.

내 짐인 깔개, 변기 자리, 밥그릇, 수도꼭지 물통, 사료, 간식(연어 육포, 우유 껌),
장난감 2개, 내 살림살이를 가지고 갔습니다. 우리 가족이 한 시간쯤 할아버지 댁에서
지내고 내가 할머니 할아버지와 친해졌다고 생각되자 모두 갔습니다.

"여행 잘하고 오세요. 잘할게요."

저녁 식사 때 할머니가 내 밥 두 가지를 밥그릇에 주셨는데 영 먹히지를 않습니다.
"아미가 가족들과 떨어져 입맛이 없나보다"고 할아버지께서 걱정이십니다.

"할아버지~ 그게 아니고요.
제 밥이 제 입맛에 맞지 않고 맛이 없어요."

그걸 아셨는지 할머니가 간식인 연어 육포 한 개를 조그맣게 잘라주셨고
새끼손톱만 한 사과 세 개를 주셔서 잘 먹었답니다.
연어 육포랑 사과는 맛이 있어요.

밤시간, 포대기를 깐 소파 위에서 할머니랑 휴식을 취했습니다.
할머니가 연신 쓰다듬어 주십니다.
장난감도 주셨지만 이제 나 아미는 장난감에 관심이 없습니다.
'내가 아기인가요?'
할아버지는 서재에서 나와 보시더니 "아미가 피곤한가보다" 하십니다.

"할아버지 저 좀 피곤해요. 어제 다른 집에서 잤고, 오늘은 가족들과 산책을 하고 목욕을 한 뒤 바로 할아버지 댁에 왔거든요."

할머니가 시트 위에 누워있는 나를 사진 찍어 우리집에 전송하시면서
"이 시간 아미의 표정이야" 하십니다.
엄마 아빠가 "제집처럼 편한가 봅니다" 회신입니다.
밤 11시 30분, 할머니 할아버지와 함께 침대 잠자리에 듭니다.
몇 차례 자리 옮겼다가 할머니 발치에 자리 잡고 잡니다.

10월 5일, 목요일

오전 7시

할머니 할아버지와 함께 일어나 침대에서 내려와 거실로 나왔습니다.
거실에서 할아버지와 운동을 합니다.
할아버지가 거실을 오가시면서 "함께 달리자"라고 하셨고,
내 앞발을 들고 하나~ 둘~ 하십니다.
기분이 좋습니다.

오전 8시

할머니 할아버지 과일 드시는 시간인데 나한테는 사과 세 쪽밖에 안 주십니다.

더 달라고 "멍" 조르니 두 쪽 더 주십니다.

할아버지가 "생각 같아서는 아미가 좋아할 거 많이 주고 싶은데 그러면 안 된대요"
하십니다.

오전 9시

아침 식사 시간인데 내 밥그릇에 주신 사료를 3분의 1컵쯤 먹었습니다.
사료는 맛없어 안 먹었습니다.
물도 조금 먹었습니다.
9시 20분쯤 변기 자리에 응가를 했는데 똥 덩어리가 변기 자리 옆으로 떨어졌네요.
할아버지가 치워주시고 물티슈로 내 궁둥이를 씻어주십니다.

"여기가 네 해우소(걱정을 해결하는 장소라는 뜻인데 절간에서 화장실을 해우소라고 한답니다)란다. 잘 사용하거라" 하십니다.

그런데 11시 좀 지난 시간인데 오줌이 마려워 갑자기 달려간 곳이 손님방이었습니다.
급해서 침대 위 이불에 쉬~를 하고 말았습니다.
아미로서도 순간적인 실수였습니다.
할머니한테 야단을 맞고 슬슬 피해 다녔습니다.

할아버지가 "여기가 네 해우소라 했는데..."
그러시면서도 할아버지 할머니가 웃으십니다.

그러니까 더 죄송했지요.
오히려 달래주시고 쓰다듬어 주십니다.
내가 오줌 싼 이불을 세탁하고 널어놓으시는 할머니한테 몸 둘 바를 몰랐습니다.
할머니가 서당 선생님처럼 많은 이야기를 해주셨습니다.

오후 1시

할머니 할아버지 점심 식사 때는 사과 다섯 쪽을 주셔서 먹었고
3시 간식 시간에는 연어 육포를 한 개 먹었습니다.
오후에는 할머니가 옷을 벗겨주셔서 시원했고 저녁때 다시 입혀주셨습니다.

낮시간에는 요 깔아주신 소파 위, 그것도 시트 위에 올라앉아 놀았더니
할아버지가 "이 녀석 높은 자리 좋아하는구나" 하십니다.

소파에서 할머니 팔베개하고 낮잠도 잤습니다.

저녁 식사 시간에 아미 밥그릇에 두 가지 사료를 섞어주시는데 먹고 싶지 않아
안 먹었습니다.
할아버지 식탁에 산적고기가 먹고 싶어 "멍멍~" 졸랐는데도 안 주십니다.
그러시면서 할아버지께서 "멍멍이 밥이라고 만든 걸 멍멍이가, 아미가 안 먹는 것은
잘못 만들었다는 거 아닌가?"라고 하시면서 "끼니때마다 아미한테 미안해서 밥을
제대로 못 먹겠다"고 하십니다.

내가 아미밥을 잘 먹어야 할 텐데 맛이 없거든요.

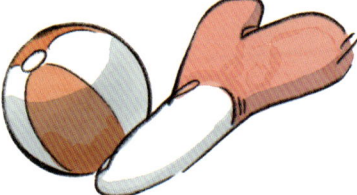

밤시간에 할머니랑 여행 중이신 엄마랑 삿포로 통신을 통해 아미 이야기를 많이
하셨나봅니다.
소파 자리에서 할머니랑 놀다가 밤 11시 조금 지나 잠자러 갑니다.
할머니 발치에 자리 잡습니다.

할머니 다리 사이에 자리 잡고 턱을 다리에 괴고 자는 게
제일 편합니다.

할아버지는 주무시면서 자주 움직여 할머니 쪽이 아미에겐 좋습니다.
할머니 할아버지가 오늘 일본 여행 간 아들 며느리 손주 이야기하시는 걸 잠자리에서
들으며 '아미 가족은 참 행복하구나' 하는 생각을 했습니다.

"여행길 피곤할 텐데 여행 모습을 중계방송하듯 하는 닥터아기 솜씨와 정성이
고맙다"는 할아버지 말씀이고, "아버지 어머니 모시고 왔으면 더 좋았겠다는 아들
며느리 말에 감동이 왔다"는 할머니 말씀을 들으면서 '아미도 우리 가족을 위해 무엇을
어떻게 해야 할까'를 생각하며 꿈나라였습니다.

10월 6일, 금요일

새벽 3시 반인데 할아버지가 일어나셔서 화장실에 가십니다.
나, 아미도 얼른 따라 나가서 내 해우소에 쉬~를 했습니다.
"어허~ 우리 아미 기특하다" 할아버지가 칭찬을 해주십니다.
쉬~를 해서 시원도 하고 칭찬을 들어 기분도 좋습니다.
할아버지 말씀대로 해우소네요. 다시 잠자리에 가서 할머니랑 잘 잤습니다.

오전 7시

기상입니다. 기분 좋은 아침입니다.

오전 7시 45분

칭찬받았으니 이번엔 내 해우소에 가서 응가를 합니다.
또 칭찬이시죠.
할아버지 가운뎃손가락 크기라고 하시며 물티슈로 깨끗이 닦아주십니다.

오전 8시

과일 먹는 시간인데 내 사과 다섯 개를 주십니다.
아예 작은 유리그릇에 내 사과를 깎아 잘라 두셨습니다.
할머니가 아침 식사 준비를 하시는 주방에 가서 "아미 것도 만들어주세요" 조르고
기다립니다.
그런데 식탁 자리에서 아미 밥만 내 밥그릇에 또 담아주십니다.
정말 제 밥은 맛이 없어요. 할머니 할아버지 무릎에 매달려 "맛있는 거 주세요" 해도
"안돼. 네 밥 먹어야 돼" 하십니다.

멍~ 멍~ 화를 부려도 봅니다만 아닙니다.

10시쯤 할머니가 내 밥에 계란노른자 4분의 1을 비벼서 주시는데 순식간에 밥그릇을
비웠습니다.
할머니 감사합니다!
그런데 할머니는 걱정이십니다.
"아미 밥 버릇 잘못 들여놨다는 말 들으면...."
기분 느긋하게 소파 내 자리에서 할머니와 얘기를 나누며 오전 시간을 지냈습니다.

오후 2시 30분

할아버지가 외출을 하십니다.
"안녕히 다녀오세요."
"관영이랑 관영이 아빠, 할아버지 3대가 목욕탕에 가신 거란다" 할머니가
일러주십니다.
두 시간쯤 지나 낯선 사람이 집안에 들어섭니다.
나, 아미가 무섭게 멍멍~ 대들었습니다.
그런데 뒤따라 할아버지가 들어오십니다. 먼저 들어온 사람이 관영이 오빠랍니다.

"몰라보고 짖어서 미안해요."
꼬리 치며 사과했지요.

할아버지는 "아미의 새로운 모습을 봤다" 하시면서 옛날 고향집에서 기르던
세퍼드 이야기, 서울의 불광동 집에서 같이 살았던 검은 삽살개 얘기를 해주시는데
재미있었습니다. 관영이 아빠는 나와 한 시간쯤 놀다가 갔습니다.

오늘 저녁 식탁에서도 "네 밥 먹어야지" "내 밥 맛이 없어요" 실랑이였습니다.
그랬더니 할아버지께서 사료를 하나하나 손바닥에 얹어주시니 안 먹을 수 없어
맛은 없지만 하나하나 열다섯 개쯤 받아먹었습니다.
다른 사료도 주시는데 그건 싫거든요.

"그건 노른자 비빔밥을 만들어주셔야 먹습니다. 할아버지 아셨죠?"

밥 먹고 한참 놀고는 접싯물도 많이 먹었습니다.
수도꼭지 물통엔 내가 가지 않았더니 조그만 접시에 할머니 드시는 '약산물'을
따라주셔서 먹었습니다.
물통에도 같은 물이지만 한 방울 한 방울보다는 할짝할짝 먹는 게 시원하거든요.

밤시간엔 요 깐 소파 내 자리에 앉아서 할머니와 이야기를 나누었습니다.
아미가 심심할까봐 장난감을 주시기도 하는데

"할머니, 아미 이제 아기 아니라니까요."

거실 소파의 오른쪽이 아미 자리인데 할머니 자리는 아미 옆입니다.
할아버지는 밤시간에는 서재에서 글도 쓰시고 책을 보시는데 가끔 거실에 나오셔서
아미를 챙겨주십니다.
오늘도 밤 11시 20분쯤 잠자러 갔습니다.

할머니 발치가 내 자리죠.

10월 7일, 토요일

새벽에 할아버지 화장실 가실 때 따라 나가서 아미 해우소에서 쉬~도 하고 응가도 했습니다.
어제같은 크기에 굳은 똥 덩어리였습니다.

"쉬도 응가도 했으니 아미 잠 푹 자거라" 하시며 두드려 주십니다.

잘 잤습니다.
일어나는 시간은 매일 같습니다.
과일 먹는 시간도 같은데 오늘도 다섯 쪽 주셨습니다.
그 다음 시간은 할머니 할아버지 함께 하시는 체조 시간인데 "아미도 함께 체조하자"
하시며 내 팔다리를 움직여 체조를 시켜줍니다.
오늘은 깡충깡충 뛰기도 했지요.
달리기는 아니고 할아버지 따라서 걷기를 했습니다.
역시 아침저녁 식사시간은 아미도 불편합니다.
내 밥이 왜 그렇게 맛없고 안 먹게 되는지 할머니 할아버지도 걱정이십니다.
"아미 때문에 할아버지 소화 안 되겠다"라고 하십니다.

오늘 아침 식탁에서도 떼를 썼더니 할머니가 노른자 비빔밥을 만들어 주셔서 잘 먹었습니다. 맛있는 아미 밥을 만들어 주시고도 할머니는 아미 밥 버릇 걱정을 하십니다.

"할머니 걱정마세요. 제가 잘 적응할게요."

매일 아침저녁 집안 환기를 위해 할아버지가 집안 문을 다 열어놓으시는데 그때마다 내가 멍~ 멍~ 짖게 되거든요.
"왜 그러는가? 아미야!" 하시는데 문을 다 열어놓으면 바람이 세게 몰려 들어오는 게 싫고요, 갑작스레 나타나는 광경이 아미 신경을 건드리거든요.
이제는 할아버지도 그걸 아셨는지 문을 열어놓으실 땐 나를 안거나 쓰다듬어 주십니다.
어떤 때는 내가 거실 보조 의자에 있는 시트 위에 높이 앉아 밖을 내다보고 있으면 "아미가 사색에 잠겼네. 재영이 우영이 언니가 보고 싶은가보다"라고 말씀하십니다.

우유 껌을 주셔서 씹으며 가지고 놀았더니 간식을 잘라서 줘 맛있게 먹습니다.
물이 마시고 싶어 수도꼭지 통 물을 먹기도 했습니다.
간식도 먹고 물도 마시고 나니까 기분이 좋습니다.
할아버지랑 놀이도 합니다.

오전 11시 50분
할머니가 외출을 하십니다. 친구분 문병 가신답니다.
"안녕히 다녀오세요."
점심에는 할아버지가 간식과 사과 다섯 쪽을 주셨습니다.
맛있게 먹었죠.
할아버지가 실내자전거를 타시는데 옆에서 아는 체를 했더니 내려오셔서 아미 운동을
시켜주시네요.

앞발 들고 깡총, 앞발 잡고 핫둘~핫둘~ 두 발 걷기도 했습니다.

오후 5시 50분
할머니가 집에 오셨습니다.
대문에 들어서시자 나는 반가워서 몸이 공중에 뜨고
문간에 오줌을 흘리는 것도 몰랐습니다.
"그렇게나 반가워?"
할아버지가 물티슈로 나를 닦아주시고 문간도 닦으십니다.
할머니는 외출복을 입으신 채 나를 안아주시고
"고맙다, 아미야. 선물이 없어서 어쩌나?" 하십니다.

그래서 나는 "이거 좋은 거 있어요" 하며 우유 껌을 씹으며 놀았습니다.

저녁 식사도 아미가 데모를 하니까 할아버지가 "내가 해줄게" 하시며
내 밥에 노른자 4분의 1을 버무려 주셔서 밥그릇을 비웠지요.
접싯물도 먹었죠.

빨아먹는 물보다 핥아먹는 물이 더 재미있어요.

밤 9시쯤인데 할머니가 "아이 착해라, 아미 착하다" 하시는 소리를 듣고 서재에서
『아미의 일기』를 쓰시던 할아버지가 거실로 나오셨습니다.
내가 해우소에 쉬~를 했더니 할머니가 칭찬하신 겁니다.
"뭘~ 아미가 이제 잘하고 있는데 새삼스럽게 그러십니다" 하시며
해우소 청소를 하십니다.
내가 해우소에 일 볼 때마다 할아버지가 흰 종이깔개를 걷어내고 물티슈로 닦아
새 해우소를 만들어주십니다.
오늘도 내가 더 신나게 놀았더니 "며칠 새 할아버지 집이 익숙해진 것 같다" 하십니다.
저도 이제 우리집 같고 할머니 할아버지가 좋아졌어요.
"할아버지 집이 작은 게 아미에게는 더 좋겠다. 고개만 돌리면 할아버지 할머니가 다
보이니…"라고도 하십니다.

밤시간 텔레비전에 멍멍이가 많이 나오는 프로그램이 있었는데 할머니께서 "아미야,
저기 네 친구들 여럿 나왔다. 봐라!" 하시면서 내 눈을 텔레비전 화면에 돌려주십니다.
그런데 아미는 관심이 없습니다.

할아버지한테 가봤습니다. 서재에서 책을 보고 계십니다.
"왜~ 볼일 계시는가?"
"할머니가 텔레비전을 보라시는데 저는 보고 싶지 않거든요."
"화면에 멍멍이들이 나와서 보랬더니 안보고 할아버지한테 일러바치려고 왔나 봐요."
"아미는 관심 없대요."

"맞아요.
아미 저는 멍멍이가 아니고 사람으로 아나 봐요."

웃음이 나왔습니다.
오늘은 삿포로 통신이 좀 늦었습니다. 엄마가 여행 마무리를 알려 오셨답니다.
밤 11시쯤 "이제 자러 가자" 하십니다.
이젠 잠자리도 더 편해졌습니다.
"아미 잘 자라."
"안녕히 주무세요."

10월 8일, 일요일

오늘은 6시에 일어났습니다.

할머니 할아버지 주일예배로 교회에 가신답니다.

어젯밤 두 분 말씀을 들으니까 "내일은 교회에 가지 말고 집에서 기도합시다.

아미 혼자 두고 가기가 좀 그러네요."

그러시다가 "그 시간 아미보고 집을 지키라고 합시다"라는 할아버지 말씀이셨습니다.

"그럼요. 제가 집 잘 지키고 있을 테니 다녀오세요" 했습니다.

그래서 할머니 할아버지 교회 가실 준비를 하시는 겁니다.

오전 6시 20분

내가 해우소에 응가 쉬를 다 했더니 또 칭찬해주시며 "아미가 안심하고 다녀오라고

하는 겁니다"라고 하십니다.

아침 과일로 사과 세 쪽 주시고 "교회 갔다 와서 맘마 줄게" 하십니다.

그런데 할아버지는 내 밥통에 사료를 섞어 담아 놓으십니다.

"배고프면 먹어라."

오전 7시 20분
두 분 집을 나서는데 나는 "안녕히 다녀오세요" 꼬리만 좀 흔들어 드렸습니다.
어제 얘기 다 했으니까요.
그래도 "아미 섭섭할 테니 둘 같이 나가지 말고 할머니부터 나가세요"라는 할아버지 말씀에 "둘이 나가는 게 좋을 것 같은데..." 말씀하는 할머니이십니다.
"감사합니다."
그렇게 저를 생각해주시네요.

자리 깔린 거실 내 자리에서 집지킴이를 했습니다.
왔다갔다 순찰도 돌았습니다.

오전 9시 30분
할머니 할아버지 오셨습니다.
"아미야, 집 잘 봤어?"
할머니 할아버지한테 깡총 뛰어올랐습니다.
그러지 않는다고 했는데 또 오줌을 쬐끔 지렸네요.
반가우니까 그렇죠.
"아미 배가 안 고프구나. 밥그릇이 그대로네."
할아버지께서 내 밥걱정을 해주십니다.

"특식을 해줘야겠죠?"
"그래요, 할머니. 맛있게 해주세요."

나는 알고 있거든요.
아침 식사에 처음 내 밥그릇 그대로 주시기에 입도 대지를 않았더니
할머니가 노른자 비빔밥을 해주십니다.
그런데 맛이 없네요.
안 먹었습니다.
"이 녀석 웬일인가?"
할아버지 말씀에 할머니가 "노른자 4분의 1씩 비벼줬는데 오늘은 4분의 1의 반만 해줬더니 그런가 봅니다."

"그 녀석 입맛이 보통이 아니군. 나머지 반 더해서 비벼주세요."

할머니가 그대로 해주십니다.
맛있게 다 먹었습니다. 흠~

식후에 또 집안 환기입니다.
내가 멍~멍~ 했더니 할아버지가 안아주시더니 "바람에 아미 귓털이 날리는구나.
그래서 그러는구나" 하십니다.
할머니랑 소파에서 휴식시간인데 할머니 품에 안겼더니 "이게 뭐야. 아미 귀에
고춧가루가 앉았네. 재영이네가 보면 아미가 천해졌다고 하겠다.
할아버지 이거 떼어내주세요."
할아버지가 손가락에 물을 묻혀서 살살 떼어냈습니다.
"녀석이 매끼 할아버지 식탁에 매달리더니 김치에 있던 고춧가루가 떨어졌구나."
계속 휴식입니다. 그러면서 생각해봅니다.

내일이면 내가 집으로 돌아가겠구나. 빨리 우리 가족 만나야지.
그런데 할머니 할아버지하고도 잘 사귀었는데….'

점심 식탁에서는 할아버지가 연어 육포 간식 한 개를 잘게 잘라 내 밥통에 넣어주셔서
잘 먹었고, 할머니가 사과 세 쪽을 주셨습니다.
오후에 할아버지와 운동을 하는데 "목줄을 안 가져와서 밖에 산책을 못 하는 게
유감이다" 할아버지 말씀이셨습니다.
오후에는 아미 내가 생각해도 움직임이 빨라져 기분이 좋았고 우유 껌도 많이 씹으며
내 이를 잘 갈고 닦아냈습니다.

집에 갈 날이 가까워지니까 할머니 할아버지께
내 씩씩한 모습을 보여드리고 싶어서죠.

저녁 식사 때는 할머니가 새로 삶은 계란노른자 4분의 1을 내 밥에 섞어주셨는데
반 밖에 안 먹었습니다.
배가 고프지 않아서죠.
할머니께서 "너희 집에 가서는 밥을 잘 먹어야 해. 그래야 건강하고 식구들 걱정 않게
하지. 알았지?"라고 말씀하셔서 꼬리를 흔들어 드렸습니다.

할아버지 댁 생활

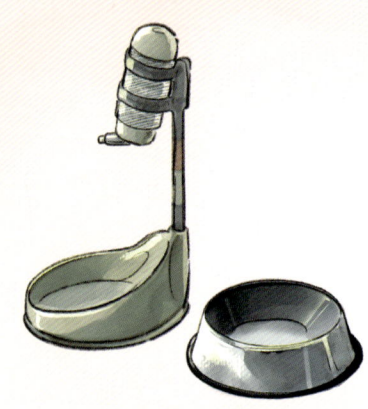

밤 9시 반쯤 해우소에 가서 쉬~했더니 또 칭찬이십니다.
할아버지가 닦아주시고 해우소 청소하십니다.
우리 가족들이 홋카이도 여행에서 오늘 밤 8시 인천공항에 도착한다고 했는데
10시가 돼가는데 소식이 없다고 할머니 할아버지가 기다리시네요.
할아버지가 그러시는데 오늘 인천공항 입국자가 제일 많았다고 뉴스에 나왔대요.

밤 10시가 지나 공항에서 연락이 왔고, 이 밤중에 나를 데리러 온다고 할아버지가
말씀하십니다.
오늘 하룻밤 할머니 할아버지와 지내도 좋은데 말입니다.
어쨌든 엄마 아빠가 나를 데리러 오셨습니다.
뛸 듯이 반가웁지요.
내 짐을 싸서 집으로 갑니다.
4박 5일의 할아버지 댁 생활을 마칩니다.

할머니 할아버지, 고맙습니다.
안녕히 계세요.
또 놀러 올게요.
할머니 할아버지께서도 저희 집에 아미 보러 오세요.

맺는 글

오늘도 바쁜 하루 일과를 마치고 있습니다. 무엇 때문에 오늘 하루가 바빴는지 한참을 생각합니다.
이제 아버지를 뵐 수 없게 된 지 4년이 지나가고 있습니다. 흐르는 시간 탓인지, 나날이 많아지는 나이 탓인지 언제까지나 선명할 것 같던 아버지의 기억도 조금씩 흐려짐을 느낍니다. 더 늦기 전에 아버지가 나에게 물려주신 유산은 무엇인지, 아버지의 손주들을 앞에 놓고 이야기해 줄 할아버지의 유산은 무엇인지 정리해 보고 싶어졌습니다.

아버지는 언론인이셨습니다. 특히, 젊은 시절 사회부 기자였음을 무척이나 자랑스러워 하셨습니다. 고등학교에 가기 위해 장애인이 비장애인과 함께 100미터 달리기를 해야 했던 부조리의 시대를 기사로 작성하고 바로잡았던 민완기자의 모습이 아버지를 상징하는 모습일 것 같습니다. 기자로서 직업 덕분인지, 섬세한 성격 덕분인지 아버지는 당신을 스쳐가는 모든 시간을 그림을 그려내듯이 기록으로 남기셨습니다. 지금도 서재 한쪽 책꽂이를 빼곡히 채운 아버지의 기록들이 아버지가 남겨주신 가장 소중한 유산입니다.

언론인으로서 치열하게 보냈던 시간을 뒤로하고 가족들과 함께 보내는 시간이 많아지면서 아버지의 기록은 가족들의 일상을 그려내기 시작했습니다. 가족들, 특히 손주들에 대한 애정이 아버지의 기록에 고스란히 남아 있습니다. 특히, 4명 손주들 각각의 성장과정을 함께 하며 기록한 성장기는 아이들의 앨범을 대신하고 있고, 미국에 1년간 나가 있던 손주와의 이메일로 재구성한 해외체류기는 미국에 함께 계셨던 것 같은 착각을 하게 합니다. 이중 『아미의 일기』는 일본으로 휴가를 떠난 저희 가족을 대신하여 아버지, 어머니가 멍멍이 아미를 돌보며 함께 보냈던 4박 5일의 기록입니다.

멍멍이 아미는 제법 똑똑한 토이푸들로 아홉 살이 되어가는 저희 집 반려견입니다. 이제 사람으로 치면 중년의 골드미스가 되었지만 여전히 셋째 딸 노릇을 톡톡히 하고 있습니다. 2016년 1월 어느 날, 정말 느닷없이 우리 품에 뛰어들었죠. 저녁식사 후 강아지 구경을 하고 싶다는 아이들의 성화에 등 떠밀려 나섰던 길에 갓 상자에 담겨왔던 아미를 만난 순간, 아내는 잠시의 망설임도 없이 입양을 결정했습니다. 너무 어려 눈도 제대로 못 뜨면서도 자리를 가려 쉬~를 하던 모습에 천재견이 아닐까라는 기대를 하기도 했습니다. 삶은 계란 노른자를 즐기는 식성은 그때나 지금이나 여전합니다.

기록의 달인이신 아버지의 빼곡한 유산 중에 애정이 넘치던 아버지의 모습을 가장 많이 떠오르게 할 기록을 찾아 가족문고 정도 만들어 아버지의 손주들에게 전달하고 싶어 시작한 일이, 아버지를 기억하는 모든 분들이 함께했으면 하는 욕심 탓에 조금 커져 버렸습니다. 이 글은 멍멍이 아미와 아버지, 어머니가 함께한 평범하고 따뜻한 일상을 그리고 있습니다. 저희 아버지를 모르는 많은 분들도 이 글을 접하며 언젠가 곁에 계셨을, 언젠가 곁에 안 계실 부모님을 생각해 볼 수 있는 시간이 되었으면 좋겠습니다.

2024년 6월
'아미 아빠' 김태성

저자 소개

지은이 김은구

영원한 사회부장이자 기록의 달인으로 불리는 언론인.
1937년 황해도 벽성군에서 5대가 함께 사는 대가족의 종손으로 태어났다. 경찰이었던 아버지가 납북되자 온 가족이 월남하며 전쟁과 분단의 비극을 온몸으로 겪어야 했다. 그의 메모 속에는 그 시기를 "살아남아 목숨을 지킨 것만 해도 천만다행"이라고 적고 있다. 1958년 『조선일보』 견습기자로 입사한 후, 『서울신문』 『경향신문』을 거쳐 1973년 공영방송으로 출범한 KBS 한국방송으로 옮기며 종이신문에서 전파방송으로의 전환을 이끌어 갔다.
이후 사회/문화부장, 보도본부 부본부장, 기획조정실장, 경영본부장, 이사로 근무 후 제19대 대한언론인회 회장을 역임했다.
가정에서는 평생의 반려자였던 허인순 여사를 "우리집 사임당"이라고 부르며 힘든 사회부 기자를 내조해 준 고마움을 표시했고, 가족(세 아들 부부와 네 손주, 그리고 아미)에 대한 사랑을 수많은 기록으로 남겨 놓았다.

기획자 김태성

50대의 즐거움을 찾고 있는 28년 차 공인회계사.
휘문고, 연세대 경영학과 및 동 대학원을 졸업하고 평생의 직업인 공인회계사의 길을
걸어왔다. 모든 업무를 보고서로 남기는 직업적 특성상 활자화된 출판물이 주는 기쁨과
보람을 진작부터 느껴왔고, 50대에 들어서 저자인 아버지가 유산으로 남겨준 수많은 기록을
책으로 만들어 세상을 떠난 아버지와 함께 그 기쁨을 느껴보고 싶다는 생각을 하게 되었다.
그 첫 작품이 『아미의 일기』다.

일러스트 김나영

국민대 공업디자인학과 학생이자 지은이 김은구 할아버지의 장손.
매일 주무시기 전 일기를 쓰시던 할아버지의 모습과 그 안에 가득 담긴 손주들을 향한
사랑을 아직도 간직하고 있다. 미대 입시 시절 그려드린 할아버지 그림을 굉장히 좋아해
주셨던 기억에 이끌려 할아버지의 동화 『아미의 일기』에 그림을 그리게 되었다.
미숙하지만 온 마음을 담아 그린 그림이 하늘에 계신 할아버지와 독자들에게 따뜻함으로
전해졌으면 하는 바람이다.

일러스트 감수 차호윤 Hanna Cha

삶의 다양한 순간과 마음을 겹겹이 책과 그림으로 담아내는 예술가.
로드아일랜드 디자인 학교에서 일러스트 미술을 전공하였다. 최근에 칼데콧 아너상을
수상했으며, 보스턴에서 꾸준히 작품 활동 중이다. 『아미의 일기』 감수 작업은 새로운
경험이었으며, 작가와 그림작가 사이의 징검다리 역할로서 특별하고 즐거운 도전이었다.

아미의 일기
— 할아버지 댁 생활 —

초판 1쇄 발행 2024년 7월 8일

글쓴이 김은구
기획 김태성
그린이 김나영
그림 감수 차호윤(Hanna Cha)
펴낸이 김말주
펴낸곳 ㈜아이리치코리아

편집 김경실
디자인 전윤신 @thepageworks
등록일자 2012년 12월 10일
신고번호 제 2012-000385호
주소 서울특별시 서초구 서초중앙로 18, 309호
대표전화 02-545-7058
팩스 02-757-4306

잘못된 책은 구입하신 서점에서 바꾸어 드립니다.
이 책의 저작권은기획자에 있습니다.
저작권법에 의해 보호받는 저작물이므로 출판사 또는 기획자의 허락 없이 무단 전제와 복제를 금합니다.